Charles-Hubert Lavollée

Les Sociétés ouvrières

Essai

ISBN : 978-1539447559

10 9 8 7 6 5 4 3 2 1

Charles-Hubert Lavollée

Les Sociétés ouvrières

Essai

Table de Matières

Introduction

Le travail subit, en ce moment, les effets d'une crise prolongée. La statistique atteste le ralentissement de la production et du commerce. Quant à la spéculation, qui contribue pour une si forte part à l'activité générale, elle s'est retirée sous la tente et elle se recueille, loin du champ de bataille où elle a été cruellement meurtrie. Dès lors, la main-d'œuvre est plus rare, le salaire se partage entre un moins grand nombre d'ouvriers, et les chômages se multiplient. Aux chômages se joignent les grèves. On demande que l'état et les villes donnent du travail aux ouvriers ; on réclame soit des augmentations de salaires, soit l'application de divers systèmes d'association, qui, remplaçant le salaire fixe, procure à la main-d'œuvre une rémunération plus élevée. Le travail a déjà éprouvé des crises semblables, les difficultés qui naissent du chômage et des grèves ne sont pas nouvelles, et la plupart des remèdes indiqués sont connus depuis longtemps. Cependant la crise actuelle présente un caractère particulier de gravité : elle ne provient pas seulement d'un malaise industriel destiné, selon les précédons, à n'être que transitoire ; elle se complique d'un malaise politique et social qui rappelle, par des signes nombreux, la période de 1848. Comme à cette dernière date, le gouvernement y intervient.

Par arrêté du 20 mars 1883, le ministre de l'intérieur a institué une commission chargée : 1° de rechercher le moyen de faciliter aux associations ouvrières leur admission aux adjudications et soumissions des travaux de l'état ; 2° d'étudier dans quelle mesure il serait possible d'obtenir des entrepreneurs la participation de leurs ouvriers dans les bénéfices de leurs entreprises. Précédemment, le conseil municipal de Paris avait procédé à une enquête analogue afin d'attribuer aux associations ouvrières une part plus large dans l'exécution des travaux de la ville ; il était résulté de cette enquête que l'on pourrait faire abandon de la formalité du cautionnement exigé lors de l'adjudication, ce premier dépôt de fonds créant une difficulté souvent insurmontable pour des associations d'ouvriers. En outre, la commission municipale avait admis le principe d'un encouragement à accorder aux entrepreneurs qui s'engageraient à faire participer leurs ouvriers dans les bénéfices de leurs travaux. Par la première de ces mesures, elle voulait rendre service aux

Charles-Hubert Lavollée

associations ouvrières ; par la seconde, elle comptait améliorer le salaire des ouvriers employés par les entrepreneurs adjudicataires de la ville. Dans les deux cas, les ouvriers, soit associés, soit simples salariés, étaient appelés à profiter des dispositions bienveillantes du conseil municipal. Nous réservons les objections que soulèvent en principe et dans la pratique ces combinaisons nouvelles. Pour apprécier une décision, il faut, d'abord, se rendre compte des motifs qui l'ont inspirée et se placer en quelque sorte dans le courant d'idées d'où elle est sortie. Le conseil municipal voulait, avant tout, manifester sa sollicitude pour le sort des ouvriers de Paris, et la majorité de ses membres saisissait l'occasion de réaliser, dans un premier essai justifié par l'état de crise, le système d'association que recommandent les programmes démocratiques. Dans ces limites, l'expérience pouvait offrir quelque intérêt et se poursuivre sans trop de périls ; elle ne concernait qu'une administration municipale, elle n'engageait pas le gouvernement.

L'enquête ordonnée par le ministère de l'intérieur a une portée plus générale. Il ne s'agit, en apparence, que de régler les conditions des travaux à exécuter pour le compte de l'état, de même que le conseil municipal de Paris avait étudié les conditions des travaux à exécuter pour le compte de la ville. Mais, en réalité, dans la pensée du ministre, la question vise tous les travaux, publics ou privés, le problème du travail. Dans le discours qu'il a prononcé en ouvrant les séances de la commission, M. Waldeck-Rousseau a marqué le but et il a indiqué, prématurément peut-être, le moyen de l'atteindre. Après avoir signalé et déploré la lutte qui existe entre le capital et la main-d'œuvre, entre les patrons et les ouvriers, il a proposé, comme « solution pacifique, progressive, » le système suivant lequel « les travailleurs seraient amenés à demander la rémunération de leurs efforts de moins en moins au louage d'ouvrage et de plus en plus à l'association. » C'est donc, nous le répétons, le problème tout entier de l'organisation du travail que le gouvernement pose à la commission, ou plutôt qu'il se pose à lui-même et dont il a entrepris, devant l'opinion publique, le difficile examen.

Il ne saurait y avoir, au temps où nous sommes, de discussion plus opportune, ni plus utile. Le gouvernement nous y convie ; il nous fournit, par la publication de l'enquête, des documents authentiques : il nous livre les dépositions orales, les épanchements familiers des patrons et des ouvriers qui ont comparu devant une commission prête à les écouter avec une grande bienveillance et sans aucun préjugé politique. Rien ne nous manque de ce qui peut éclairer un esprit sincère pour l'étude de cette question si ardue. Voici l'ordre dans lequel il convient de grouper les faits et les arguments. — Quel a été, de 1848 à 1870, le mouvement des esprits et le résultat des efforts pour organiser le travail dans le sens de l'association ouvrière ? — Quel a été, depuis 1870, d'après des documents produits par l'enquête, le résultat de ces mêmes efforts, et dans quelle mesure le régime de la « participation aux bénéfices » a-t-il concouru, avec le régime de l'association, à la réforme des anciennes conditions du travail, c'est-à-dire du salariat ? — Enfin, quelle est la valeur théorique et pratique des systèmes nouveaux que l'on recommande, soit à titre définitif, soit comme expédions, pour prévenir ou pour atténuer les crises de la main-d'œuvre ? — Ainsi divisée, l'étude de ce sujet si complexe et bien aride aura plus de clarté et de précision.

Partie I

Ce fut au lendemain de la révolution de 18A8 que se produisirent les premiers essais d'associations ouvrières. Depuis que Louis Blanc avait publié, en 1839, sa brochure sur *l'Organisation du travail*, l'idée de l'association s'était répandue dans les ateliers, recrutant de nombreux prosélytes et fournissant au parti démocratique un mot d'ordre et une arme redoutable pour la révolution prochaine. L'avènement de la république de 1848 vint donner à Louis Blanc l'entrée dans les conseils du gouvernement et lui fournit l'occasion de mettre en pratique les doctrines auxquelles il devait sa popularité. Quelques associations se formèrent ainsi sous le patronage et avec le concours des délégués réunis au Luxembourg ; mais ce n'était là qu'un médiocre résultat, répondant mal à d'immenses promesses. Ne pouvant organiser le travail, Louis Blanc s'en prit.à.la. société tout entière ; c'était la société qu'il fallait détruire et refaire pour constituer l'atelier de là à l'insurrection.il n'y avait qu'un pas. Proscrit de la république, le réformateur fut tiré d'embarras par la persécution et par l'exil, et jusqu'en 1852, il continua, de Londres, son ardente propagande pour la création de « l'atelier social. »

Charles-Hubert Lavollée

La conception de Louis Blanc est aujourd'hui tout à fait morte. Il n'est plus question de ce régime industriel, où la concurrence était supprimée, ni de ces ateliers commandités par l'état, avec des salaires, des prix de revient et des bénéfices méthodiquement fixés et répartis. Il ne reste rien de cette doctrine qui prétendait attribuer à chacun le devoir de produire suivant ses facultés et le droit de consommer selon ses besoins. Dès avant 1848, les économistes avaient démontré le néant du système ; après 1848, l'impuissance constatée du réformateur acheva la démonstration. Louis Blanc rencontrait, d'ailleurs, dans les autres écoles révolutionnaires, des concurrents qui lui disputaient la clientèle du peuple et se vantaient de défendre avec plus d'efficacité les intérêts des ouvriers. Ce fut ainsi, comme nous venons de le dire, que l'organisation du travail, jugée insuffisante, prit les proportions d'une réorganisation sociale. Le *Catéchisme des socialistes*, publié en 1850, contient toutes les idées de Louis Blanc sur ce thème agrandi, qui comprend la refonte simultanée de l'atelier, de la société, de l'humanité, par le moyen de l'association égalitaire et fraternelle. Quand on relit à distance tous ces écrits, on s'explique facilement qu'ils soient si vite tombés dans l'oubli et que les socialistes contemporains aient cessé d'invoquer l'autorité de Louis Blanc ; mais il est moins aisé de comprendre le bruit que firent, au moment de leur apparition, ces projets de réformes et la popularité si grande qui demeura fidèle jusqu'au bout à l'auteur de l'*Organisation du travail*, bien que, par le fait, Louis Blanc n'eût jamais rien organisé. Il faut chercher avant tout, dans les circonstances politiques, la raison de cette faveur imméritée. Le socialisme de 1848 se confondait avec le parti de la démocratie et de la révolution, et Louis Blanc, qui, soit par conviction, soit par habile tactique, avait entrepris la propagande dans les ateliers, se trouva naturellement porté au premier rang le jour du triomphe. Puis l'exil vint fort à propos couvrir son échec et donner au réformateur interrompu l'auréole du martyre. Avec cela, une vie honnête, une intégrité incontestée, et un talent supérieur. Bien éloquentes dans leur âpreté, et malgré la déclamation, ses protestations contre l'inégalité des conditions humaines et ses revendications au profit des déshérités et des misérables ! La perfection de la forme dissimulait le vide des idées, et le socialiste ne valait que par l'homme de lettres. Nul écrivais mieux que Louis

Blanc n'a exploité ce genre de littérature qui, s'appliquant à un sujet vieux comme le monde, n'a produit que des œuvres stériles.

Ce qui distingue les écrits de Louis Blanc, et ce qui peut-être les a fait passer de mode dans les régions démocratiques, c'est qu'ils ont les allures d'une prédication en s'inspirant de la tradition chrétienne. Oui, les socialistes de 1848 invoquaient à tout propos Dieu et l'évangile ; ils récitaient volontiers des sermons ou des homélies, et ils rédigeaient des catéchismes. « Qu'est-ce que le socialisme ? — C'est l'évangile en action. » Voilà comment débute le *Catéchisme* de Louis Blanc. Puis, défilent l'apôtre saint Paul, « la doctrine du Christ, les lois immortelles de l'évangile, » et, comme finale, pour expliquer comment les socialistes modernes sont calomniés, persécutés, honnis, le catéchisme rappelle l'exemple « du Christ, le sublime maître des socialistes, mort sur une croix entre deux voleurs. » — A la même date (1850), Pierre Leroux proclamait que les socialistes, « disciples du Christ, suivaient les principes du christianisme. » En ce temps-là, les socialistes se montraient animés d'une pensée religieuse, ils faisaient appel à Dieu, ou tout au moins à la Providence, ils avaient la foi, ils parlaient en apôtres. Cette littérature a singulièrement vieilli, nos socialisées modernes n'en veulent plus. Il ne reste de Louis Blanc qu'un souvenir qui devient de plus en plus vague, et une formule dont ses successeurs ont à la fois élargi et dénaturé les termes : « l'émancipation des travailleurs par l'association. »

En 1848, au milieu du désordre créé par la révolution, Louis Blanc prêchait dans le désert du travail. Le chômage était presque général, surtout à Paris et dans les villes manufacturières. Les excitations parties de la tribune du Luxembourg avaient pu faire naître quelques associations dont les statuts rédigés dans les clubs proclamaient l'émancipation des travailleurs ; mais le travail manquait, et les ouvriers inoccupés durent, en attendant l'inauguration chaque jour reculée de l'atelier social, recourir au salaire dérisoire eu plutôt à l'aumône que leur procuraient les ateliers nationaux. Ce fut une triste période dans l'histoire de la révolution de 1848 ; on sait qu'elle aboutit aux journées de juin, c'est-à-dire à la révolte des déceptions, du désespoir et de la faim. Dès le 25 février, d'ans l'une de ses premières proclamations, le gouvernement provisoire s'était engagé « à garantir l'existence de

Charles-Hubert Lavollée

l'ouvrier par le travail, à garantir du travail â tous les citoyens. » Il avait reconnu que « les ouvriers doivent s'associer entre eux afin de jouir du bénéfice légitime de leur travail, » et, pour tenir ces téméraires engagements, pour appuyer cette vaine déclaration de principes, il abandonnait aux ouvriers 1 million de l'ancienne liste civile. Ceux-là seuls qui ont vécu à cette époque de troubles et d'illusions peuvent comprendre aujourd'hui dans quel intérêt et sous quelle pression les membres du gouvernement provisoire, qui ne manquaient certes ni d'intelligence ni de courage, se crurent condamnés à signer de telles proclamations. A peine réunie, l'assemblée constituante eut à s'inquiéter du problème que le gouvernement provisoire venait de lui léguer. Elle institua un comité du travail, chargé d'étudier les systèmes, d'écouter les propositions et de préparer une législation nouvelle, destinée à satisfaire, dans la mesure du possible, les réclamations, les revendications, devenues menaçantes, des ouvriers parisiens. Réduits au rôle de législateurs, c'est-à-dire obligés de compter avec la réalité, avec les lois économiques, avec le budget, les apôtres du socialisme, dont quelques-uns faisaient partie du comité du travail, ne surent imaginer aucune combinaison qui pût être acceptée par une assemblée sérieuse ; mais en même temps, comme l'émeute grondait, l'émeute de la misère, tous les groupes politiques de l'assemblée se trouvèrent d'accord pour faciliter les essais d'associations ouvrières.

La première proposition concernant les associations fut soumise, le 9 juin 1848, à l'assemblée nationale par un député républicain, M. Alcan, professeur au Conservatoire des arts et métiers, très expert dans toutes les questions industrielles. M. Alcan n'avait point de parti-pris : il jugeait cependant que les circonstances commandaient « d'expérimenter ce qu'il y a d'utilement réalisable dans le vaste problème de l'association entre le capital et le travail, » et, à cet effet, il proposait le vote d'un crédit annuel de S millions, pendant dix années, lequel serait distribué sous forme de prime, un tiers aux associations industrielles ou agricoles formées entre patrons et travailleurs ouvriers ou entre ouvriers seulement, les deux tiers aux sociétés de secours mutuels constituées en faveur des travailleurs. D'après le projet, la distribution de ces primes devait avoir lieu solennellement, le 4 mai de chaque année, devant le pouvoir exécutif et l'assemblée nationale. L'idée de ce concours général des associations, y compris la distribution solennelle des prix, paraît singulière ; mais il ne faut pas oublier que l'intérêt politique et le désir de produire un grand effet sur l'esprit des ouvriers pouvaient excuser une procédure quelque peu théâtrale. Au surplus, sans s'arrêter à ce détail d'exécution, l'assemblée nationale prit en considération le projet de M. Alcan et le renvoya au comité du travail, qui l'examina d'urgence. D'après le projet définitif, qui fut discuté le 4 juillet 1848 et publié le lendemain sous forme de décret, il fut alloué au ministre de l'agriculture et du commerce un crédit de 3 millions destiné à être réparti entre les associations, sur l'avis d'un conseil d'encouragement spécialement formé par le ministre et aux conditions fixées par ce conseil. L'assemblée nationale admettait ainsi la demande d'une subvention de l'état, d'une prime en faveur des associations ; on peut dire toutefois qu'elle s'y résigna comme à un expédient plutôt qu'elle ne voulut la consacrer comme un principe législatif. Elle refusa de s'engager au renouvellement du crédit pendant dix ans, comme l'avait proposé M. Alcan : il ne s'agissait pour elle que d'une expérience. Le comité du travail paraissait d'ailleurs n'avoir qu'une médiocre confiance dans l'efficacité du procédé : son rapporteur, M. Corbon, tout en exprimant la plus vive sympathie pour le régime des associations, n'hésita pas à se prononcer très nettement contre l'intervention de l'état érigée en système et à combattre avec une grande vigueur les doctrines de Louis Blanc.

L'assemblée nationale ne se borna pas à voter la subvention de 3 millions ; ce qui importait le plus, c'était de donner du travail aux associations nouvelles. Ici encore on eut recours à l'état. Sur la proposition de M. Latrade, l'assemblée décida le 15 juillet que le ministre des travaux publics serait autorisé à concéder ou à adjuger certaines catégories de travaux à des associations ouvrières, et le décret du 18 août énuméra les conditions auxquelles était subordonnée la mesure, en même temps qu'il dispensait les associations du dépôt préalable d'un cautionnement et ne les assujettissait qu'à une réserve d'un sixième de garantie jusqu'à la réception définitive des travaux. Il convient de marquer la date de cette faveur accordée pour la première fois aux associations, contrairement aux règles et aux usages pratiqués en matière de

Charles-Hubert Lavollée

travaux publics. Nous verrons plus loin, par l'enquête de 1883, que l'on sollicite aujourd'hui pour les ouvriers le même privilège.

Les dispositions de l'assemblée nationale pour les associations se manifestèrent sous toutes les formes et sans distinction de partis. Parmi les projets qui affluèrent à la tribune, comment ne pas signaler une proposition concluant à l'ouverture d'un crédit de 50 millions pour la colonisation de l'Algérie au moyen des associations de travailleurs ? Cette proposition, datée du 8 août 1848, portait les signatures de plusieurs membres de la droite et de représentants de la gauche ; elle avait pour parrains M. le comte de Falloux et M. Dupont (de Bussac), un radical, ou, comme on disait alors, un montagnard. L'effroyable crise de 1848 provoquait, dans un intérêt patriotique et sous l'impulsion d'un sentiment charitable, ces rapprochements inattendus. Ceux-là même qui n'avaient pas la moindre confiance dans l'avenir des associations jugeaient qu'il était à la fois politique et humain de se laisser aller au courant, de ne point désespérer les ouvriers, de sacrifier quelques millions pour une expérience dont l'insuccès devait être instructif et pouvait rectifier les idées fausses répandues par les sectaires du socialisme. Sur tous les bancs de l'assemblée, le boa vouloir était également sincère. Après l'insurrection ! de juin, si énergiquement réprimée, les républicains comme les monarchistes, gardaient de l'indulgence pour les chimères et montraient une sorte de compassion pour les illusions qui avaient eu la puissance d'entraîner tant d'ouvriers jusqu'à la révolte. Il est permis à l'historien sévère de critiquer cette attitude : toute concession faite à des idées fausses est plus périlleuse qu'une amnistie accordée à des coupables ; mais les témoins des événements peuvent attester les difficultés au milieu desquelles le gouvernement et l'assemblée essayaient de vivre. La force des choses commandait ces concessions, elle excusait ces écarts de principe et elle justifiait les mesures exceptionnelles qui tendaient à favoriser les associations. Dans les ateliers, dans les clubs, dans la presse, partit, l'association était à l'ordre du jour.[1]

Quels furent les résultats de ces encouragements officiels, de la subvention législative de 3 millions et des privilèges accordés

---

[1] Dans un écrit publié en 1857 sur *les Associations ouvrières*, M. le vicomte Anatole Lemercier, ancien député, a retracé dans tous ses détails l'histoire de ces sociétés de 1848 à 1870.

aux sociétés ouvrières pour l'entreprise des travaux de l'état ? La commission chargée de répartir après examen les 3 millions reçut plusieurs centaines de demandes, ce qui n'avait rien d'exagéré ; mais comme la plupart des pétitionnaires ne remplissaient point les conditions nécessaires pour l'utile emploi des fonds, elle ne put, dans le cours de las première année, disposer que de 2 millions, qui furent prêtés à cinquante associations formées pour l'exploitation des industries les plus diverses. Le surplus fut distribué en 1849 et en 1850. En réalité, la commission, qui était autorisée à se montrer large et libérale dans l'allocation des prêts, se trouva fort embarrassée pour dépenser convenablement le crédit qui lui était ouvert ; car presque toutes les associations qui se présentaient devant elle lui paraissaient vouées à une dissolution plus ou moins prochaine. Les craintes à cet égard n'étaient que trop fondées. La plupart des associations improvisées à cette époque ont successivement sombré, et le trésor n'a point recouvré la totalité des 3 millions qu'il leur a prêtés. — Quant à l'admission privilégiée des sociétés ouvrières dans les entreprises de travaux publics, les rapports des ingénieurs de l'état démontrèrent que, sauf des exceptions très rares, elle fut plus visible que profitable, soit au point de vue de l'exécution des travaux, soit au point de vue de la rémunération des ouvriers.

Ces échecs, constatés presque immédiatement, n'imposèrent point silence aux chefs du parti socialiste. Ceux-ci prétendirent que l'expérience avait été mal conduite, que les subventions étaient insuffisantes, que la commission avait rebuté par ses rigueurs les associations qui méritaient le plus d'être encouragées, enfin que les ouvriers, condamnés au salariat perpétuel, venaient d'être une fois encore les victimes de la réaction. Ils rappelaient que l'assemblée nationale avait refusé d'inscrire dans la constitution le droit au travail et de rayer du code, les dispositions qui faisaient obstacle aux syndicats et à la coalition des travailleurs. Ils dénonçaient les tendances antidémocratiques de l'assemblée législative élue en 1849 et les refus obstinés que la majorité opposait aux revendications des amis du peuple. Les socialistes rejetaient ainsi sur le gouvernement et sur l'assemblée la responsabilité des fautes commises et des échecs subis lors des premiers essais. C'était un moyen facile de se dégager devant les ouvriers. Quelques-uns,

Charles-Hubert Lavollée

ibéral et sensé, dont l'initiative, alors récente, avait créé une centaine de banques à l'usage des artisans et des plus modestes travailleurs. Il n'était question que de la coopération, des équitables pionniers, de M. Schulze-Delitzsch. L'engouement était général. Il suffisait, disait-on, de transporter en France les procédés et les règlements qui avaient réussi en Angleterre et en Allemagne, que l'Italie commençait à s'approprier et qui semblaient destinés à opérer partout une révolution bienfaisante dans la condition des ouvriers. — En même temps que la coopération, mais au second plan, le système de la participation aux bénéfices, pratiqué déjà en France sur une petite échelle, était expérimenté dans de grandes proportions en Angleterre par MM. Briggs, propriétaires de mines de houille dans le Yorkshire. — Par ces moyens, auxquels devait s'ajouter l'action des syndicats constitués à l'instar des *trades unions* d'Angleterre, l'émancipation du travailleur était certaine ; l'harmonie, cimentée par le partage équitable des profits, existait entre le travail et le capital ; plus de récriminations ; plus de grèves ; dans les ateliers comme dans la société, le contentement et la paix.

Ce n'étaient point dissertations vaines et platoniques. Le gouvernement, après avoir obtenu, non sans peine, la réforme du code pénal en matière de coalition, accorda la plus grande tolérance aux syndicats ouvriers qui se réunissaient contrairement aux termes rigoureux de la loi ; il ouvrit une enquête sérieuse sur la coopération avec le sincère désir de faciliter en France l'application du système ; il introduisit dans la loi un chapitre spécial à l'usage des sociétés coopératives. En dehors du gouvernement, et même contre lui, afin de combattre l'influence que pouvait lui donner sur la classe ouvrière un patronage aussi manifeste, il se forma divers comités de jurisconsultes appartenant aux partis de l'opposition, lesquels tenaient bureau ouvert pour rédiger des projets de statuts et pour guider les ouvriers dans l'accomplissement des formalités légales. Cela ne devait pas suffire. Les sociétés ouvrières qui essayaient de se constituer étaient le plus souvent dépourvues de capital, et le crédit leur faisait également défaut. On créa des banques pour les commanditer et pour escompter leur papier : en 1865, ce fut la caisse d'escompte qui avait pour fondateurs les membres les plus considérables et les plus estimés de l'opposition libérale ; plus tard, sous le patronage direct de l'empereur, fut

plus persévérants et plus convaincus, tentèrent d'organiser des associations en dehors du patronage officiel. Surexcités et secondés par la passion politique, ils invitèrent les travailleurs à s'émanciper eux-mêmes avec leurs seules ressources, par groupes corporatifs, pour l'honneur et pour le salut commun de la république et de la révolution. Ces appels demeurèrent à peu près sans écho. A la fin de 1850, on ne complaît à Paris, foyer de la prédication et de l'agitation, qu'une centaine de sociétés ouvrières, organisées à la hâte, dépourvues de capital et n'ayant aucune chance d'avenir ; la plupart d'entre elles pouvaient même n'être considérées que comme des sociétés de secours mutuels, recueillant des cotisations minimes pour les cas de maladie ou de chômage, mais tout à fait incapables de se livrer à l'œuvre de la production. En résumé, si l'on ajoute ces sociétés indépendantes aux sociétés subventionnées, on arrive à un total e cent cinquante à deux cents associations ouvrières, dont quelques-unes ne furent constituées que sur le papier, et dont la majeure partie n'eut qu'une durée de quelques mois. Tel fut le résultat du grand mouvement de 1848.

Est-il vrai, comme on le répète aujourd'hui dans les documents officiels, quelles premières associations ouvrières furent frappées, en même temps que la république, par le coup d'état du 2 décembre ? Cette allégation ne tient pas devant l'étude impartiale des faits. Les sociétés fondées de 1848 à 1850 succombèrent rapidement, parce qu'elles n'étaient pas nées viables. Tout leur faisait défaut ; le capital et le travail, l'organisation et le personnel. Si la république avait pu vivre, ces sociétés n'en seraient pas moins mortes. Bien avant le 2 décembre, le socialisme de 1848 était en faillite et se voyait à la veille de déposer son bilan. Le coup d'état lui rendit un grand service en lui procurant, par une révolution politique, l'occasion et l'excuse d'un beau trépas.

Nous arrivons à la période impériale. L'empire est fait, et le champ du socialisme est jonché de ruines. Les apôtres et les sectaires sont déportés ou proscrits ; les groupes restés fidèles sont dissous par la force ; plus de propagande possible ; la presse est réduite au silence ; l'autorité seule a, pour un temps, la parole et l'action. Que voit-on cependant si, laissant de côté les considérations d'ordre politique, l'on s'en tient à observer quelle a été, sous l'empire, la part faite au principe de l'association et particulièrement aux associations ouvrières ? Il est impossible de contester que cette part fut très considérable. Dès que l'empire se sentit affermi, les mesures rigoureuses qui avaient accompagné et suivi le coup d'état, les dissolutions violentes de sociétés et de groupes corporatifs firent place à toute une série d'études, de décrets, de lois qui avaient pour objet le développement du travail, par l'autorité d'abord, puis par la liberté, et qui, soit sous la forme autoritaire, soit sous la forme libre, visaient à améliorer au moyen de l'association le sort des classes populaires. Ce fut au point que, parmi les critiques le plus fréquemment dirigées contre l'empire, se rencontre l'imputation d'avoir ressuscité le socialisme et, avec le socialisme, l'esprit démagogique et révolutionnaire. L'empereur, disait-on, était socialiste.

Le sujet restreint de la présente étude ne comporte pas l'examen détaillé des réformes accomplies, sous l'empire, dans notre législation économique ; nous n'avons à nous occuper ici que du régime de l'association. — L'empire commença par encourager les associations de capital et les institutions de crédit. Il accordait ainsi de larges primes au capital, mais il créait en même temps d'abondantes sources de travail, et il prodiguait indirectement les salaires. La France était encore fort arriérée dans la pratique de l'association financière et industrielle ; d'autres pays, l'Angleterre en tête, la devançaient rapidement, et ce n'était point la république troublée de 1848 qui avait pu l'aider à regagner le terrain perdu. L'empire vit donc juste en donnant l'essor aux grandes entreprises et en accordant ses faveurs, dussent-elles même paraître excessives, aux associations de capitalistes et aux compagnies chargées d'exploiter les services publics. Il y avait pourtant un péril. Ces sociétés si fortement organisées, absorbant les capitaux et le crédit, maîtresses du marché, auraient pu opprimer le travail et rançonner les consommateurs. Il fallait donc trouver des garanties. Pour les consommateurs, ce fut la liberté des échanges, laquelle devait leur permettre de se pourvoir sur les différents marchés du monde ; pour le travail, c'est-à-dire pour les ouvriers, ce fut la réforme ou la suppression des lois qui s'opposaient à la libre discussion du salaire ; ce fut, en même temps, la faculté donnée aux travailleurs de s'associer comme le faisaient les capitalistes, de constituer des forces collectives en vue d'accroître autant que possible, par un

débat légitime, leur part de rémunération et de b s'expliquent les traités de commerce, la réduction douane, la loi de 1864 sur le régime des coalitions, associations coopératives, la loi de 1867 sur les so autres mesures destinées à fortifier, en l'améliora du travail.

La politique jouait évidemment un grand manifestations répétées. Il y avait là une questi question capitale sous un régime de suffrag même que les dispositions personnelles du so pas été notoirement favorables à l'organisa ouvrières, l'intérêt supérieur de la politiqu gouvernement de se prêter à un nouvel essai. L'é de 1848 pouvait ne pas être considéré comm d'ouvriers parmi les plus intelligents demeura d'association, que les partis hostiles entretenai une tradition républicaine et libérale. Les l'exposition universelle de Londres, en 1862, impressions très vives au sujet des facilités à leurs collègues anglais pour se réunir, se c Le gouvernement ne pouvait pas méconn mouvement qui agitait tous les ateliers et q dans le peuple. Le problème de l'association nouveau, et il devenait nécessaire de le réso pendant la préparation de la loi sur les soc appliquèrent avec une sorte d'acharnemen luttaient à qui obtiendrait, dans l'opinion mérite de l'effort et l'honneur du succès.

Les sociétés dites *coopératives* étaient a faveur. Le progrès des associations cons en Angleterre, avait attiré l'attention s de tous ceux qui, en France, s'occupaie du travail. L'exemple des « équitables était cité et proclamé comme une du système, appliqua tout à la fois à production d'un autre côté, on signalai coopératives de crédit organisées en A Delitzsch, économiste et financier de

Charle

instituée une maison de banque dont le capital fut en grande partie fourni par la liste civile. Certes, rien ne devait être plus profitable pour les associations ouvrières que cette concurrence établie entre le gouvernement et les partis. On leur donnait des capitaux et du crédit, on ne leur demandait que des votes. C'était une bourse ayant la popularité pour but, une course au clocher, menée ardemment sous l'éperon de la politique, sans souci des obstacles. — Est-il besoin de rappeler à quoi aboutirent ces démonstrations, ces efforts, ces sacrifices ? Les sociétés coopératives ne se constituèrent qu'en petit nombre et bien peu dans des conditions durables. Dès avant 1870, la caisse d'escompte avait disparu, comme avait précédemment sombré une autre banque de crédit populaire ; la banque impériale était vouée au même destin si la liste civile ne l'avait soutenue jusqu'au 4 septembre. Finalement, résultat négatif, échec à peu près complet. A la fin de d'empire comme après 1848, le problème des associations ouvrières était encore à résoudre.

Partie II

L'association ouvrière, sous la forme coopérative, avait obtenu du gouvernement impérial toutes les facilités, toutes les faveurs, qui auraient dû la rendre accessible et praticable pour la grande majorité des travailleurs. Après l'empire, la commune, maîtresse de Paris, adopta le principe ; elle décréta, le 16 avril 1871, que les chambres syndicales seraient chargées « d'élaborer un projet de constitution pour les sociétés coopératives ouvrières. » Ce décret ne pouvait être, comme tant d'autres décrets du même genre, qu'une vaine déclamation, mais il atteste que l'idée avait pris racine dans les ateliers et que la coopération conservait tout son prestige. Lorsque, par la défaite de la commune, les affaires politiques entrèrent à peu près dans l'ordre, il était permis de concevoir que cette forme d'association ouvrière, patronnée par les organes de la démocratie, recommandée par les anciens libéraux, (devait prendre quelque développement, et que la coopération allait se répandre et s'épanouir sous le régime de la liberté républicaine. Les circonstances étaient particulièrement favorables. Aux chômages forcés de 1870 et de 1871 succédait, de 1872 à 1874, une période de grande activité dans toutes les industries. Le capital reparaissait, fatigué d'une longue inertie et très ardent à réparer les pertes que la guerre et la révolution lui avaient infligées ; le travail abondait dans tous les ateliers. Par conséquent, l'association ouvrière rencontrait l'occasion de se constituer et de disputer à l'ancien système du patronat une clientèle impatiente et nombreuse. C'était bien le moment de prouver que l'association, la coopération, n'étaient point un mouvement factice. Plus que jamais la réalisation du système était rendue facile par les événements, et l'on ne pouvait plus dire que l'expérience serait faussée par l'intervention d'une autorité impériale ou monarchique, dont la tutelle intéressée ne méritait que d'être repoussée avec dédain, comme un présent d'Artaxerce. — C'est ici qu'il devient utile d'étudier l'enquête ordonnée en 1883 par le ministre de l'intérieur. Cette enquête doit nous montrer ce qui a été fait, depuis 1870, sous la république, en matière d'association.

Au 31 juillet 1883, on comptait, dans le département de la Seine, cinquante et une associations coopératives ouvrières de production. Le document ministériel qui en donne la liste ne fournit aucune indication sur les sociétés de consommation, ni sur les sociétés de crédit, mais on sait que les sociétés de consommation, après divers essais, n'ont pu se maintenir qu'en très petit nombre, et que les sociétés de crédit n'ont pas même été expérimentées. C'est pour ces motifs que l'enquête s'est occupée seulement des sociétés coopératives de production ; ce sont, d'ailleurs, les plus importantes à étudier au point de vue de la question du travail et dans l'intérêt des ouvriers. Sur les cinquante et une sociétés de production dont l'existence était constatée en 1883, trente-quatre étaient constituées sous la forme de la société anonyme à capital variable, suivant les conditions réglées par la loi de 1867 ; le surplus était soumis au régime de la société anonyme ordinaire ou de la société en commandite. — Il reste à peine une dizaine de sociétés coopératives dont l'origine remonte au-delà de 1870. Les sociétés fondées de 1848 à 1850, dans la ferveur du premier mouvement socialiste, ou de 1865 à 1870, avec le patronage et la commandite de la caisse d'escompte populaire ou de la banque impériale, ont presque toutes disparu. La majeure partie des sociétés actuellement existantes date de 1880 à 1883, et cette résurrection apparente de la coopération ne peut être attribuée qu'à une influence administrative, le conseil

Charles-Hubert Lavollée

municipal de Paris, la préfecture de la Seine et le ministère de l'instruction publique ayant manifesté l'intention d'accorder leur préférence, pour la commande de certains travaux, à des sociétés ouvrières. Il est à craindre que la plupart de ces opérations, organisées en vue d'exécuter les travaux de la ville et de l'état, ne soient obligées de se dissoudre, lorsque, pour un motif ou pour un autre, les travaux viendront à leur manquer. Admettons cependant qu'elles survivent et comprenons-les dans cette statistique de la coopération. Tout cela donne le total de cinquante et une sociétés en 1883, représentant un capital de 3 à 4 millions et comptant à peine quatre mille associés. Ces chiffres sont maigres. L'échec de la coopération a été aussi complet sous la république de 1870 que sous la république de 1848 et sous l'empire, et pourtant l'expérience récente s'est poursuivie dans des conditions plus favorables : elle n'a pas été au même degré qu'en 1848, compromise par l'élément politique et révolutionnaire ; elle n'a pas été effarouchée, comme elle aurait pu l'être sous l'empire, par l'intervention d'un patronage officiel, dont les promoteurs de l'idée coopérative redoutaient et repoussaient l'importune séduction. L'expérience, à partir de 1870, a été plus libre, plus saine, et elle est, par conséquent, plus décisive. On voit, par les chiffres, ce qu'elle a produit.

Les chiffres ne disent pas tout : il faut juger de la qualité et rechercher ce que valent les sociétés recensées en 1883. La commission d'enquête a entendu les représentants de trente-quatre sociétés coopératives. Elle a reçu leurs réponses au questionnaire qui avait été préparé, elle les a interrogés sur les détails de leur organisation et elle a dû, en les écoutant tour à tour, passer par les impressions les plus diverses. Parmi les déposants, les uns ont exprimé une confiance absolue dans l'avenir de l'association ; ils ont la foi, ils veulent être les missionnaires d'une idée, ils revendiquent le titre d'apôtres : « Nous sommes plutôt des apôtres que des commerçants, » a dit un des directeurs de la société des typographes. Les autres, moins enthousiastes, n'ont point dissimulé les difficultés qu'ils ont éprouvées pour se constituer, ni les peines qu'ils ont à vivre. Combien de sacrifices pour récolter un capital presque toujours insuffisant, pour recruter des associés et les retenir dans l'atelier commun ! combien d'efforts pour obtenir le crédit nécessaire, pour alimenter régulièrement le travail et traverser les temps de chômage ! Il n'est pas besoin d'ajouter que l'administration de ces petites républiques est des plus laborieuses. Les citoyens, c'est-à-dire les ouvriers, y sont aussi difficiles à gouverner que les affaires. Le gérant n'est-il pas une sorte de patron, quoiqu'il soit élu et amovible ? trop amovible assurément, car c'est là une cause d'infériorité pour les sociétés ouvrières dans leurs rapports avec les tiers, les changements trop fréquents de personnel et de signatures pouvant nuire à la solidité des engagements. Sur ce point, cependant, la société des charpentiers de La Villette fait exception. Son directeur est nommé à vie ; il pratique « la république autoritaire (la seule qui lui paraisse possible) ; » il n'entend pas être confondu avec les anarchistes, il veut que les propriétaires n'aient pas peur de l'association qu'il dirige, il travaille pour tout le monde, même pour les couvents ! — A côté de ce gérant à poigne, voici venir plus modeste le gérant de l'association des facteurs de pianos : « En rentrant, dit-il, je vais me déshabiller et me mettre à l'établi ; s'il y a une course à faire ensuite, je m'habille et je fais la course… » Dans les petites associations, c'est ainsi que les choses se passent le plus souvent, avec les gérances amovibles, que chaque associé exerce à tour de rôle en vertu du principe d'égalité. La république ouvrière exige que son président opère lui-même, prenne sa part à la besogne et travaille ferme. C'est d'un bon exemple.

Rien de plus honorable, de plus honnête que l'effort de l'ouvrier pour améliorer sa condition et celle de sa famille par l'intelligence, le travail et l'économie. Plus le succès paraît difficile, plus grand est le mérite, et les dépositions produites devant la commission d'enquête témoignent de l'activité et de la bonne conduite, poussées parfois jusqu'à la vertu, dont il a fallu que fussent doués quelques-uns de ces groupes d'ouvriers qui ont créé des sociétés coopératives. Mais la vertu ne suffit pas pour fonder une société d'industrie ou de commerce ; il y faut joindre au moins un certain degré d'instruction qui permette à l'associé de se rendre compte des dispositions légales, de ses devoirs et de ses droits. Or, il résulte de l'enquête que les fondateurs de la plupart des associations ouvrières ont été accrochés, dès leur premier acte de constitution, aux broussailles de la procédure et que leurs adhérents ne connaissent même pas l'une des obligations les plus essentielles que leur impose la loi de 1867. D'après l'article 52 de la loi, « l'associé qui cesse de faire

Charles-Hubert Lavollée

partie de la société reste tenu, pendant cinq ans, envers les tiers, de toutes les obligations existant au moment de sa retraite. » Il n'est pas nécessaire d'expliquer les motifs et la gravité de cette clause. Interrogés sur le point de savoir si la crainte d'une responsabilité encourue pour un délai de cinq années ne ferait pas obstacle à la création des sociétés coopératives, les gérants ont répondu presque unanimement que les ouvriers ignorent cette condition, ou que, si par hasard, ils la connaissent, ils ne s'en inquiètent guère. Une fois sorti du groupe, l'associé se croit quitte et ne se soucie pas des engagements qu'il peut laisser derrière lui. Si cette déclaration donne la mesure de la sincérité des déposants, elle n'est point faite pour établir le crédit des associations.

Aussi, est-il permis de dire que, sauf de très rares exceptions, ces sociétés bien intentionnées, mais mal armées pour la lutte des affaires, se sont engagées à l'aventure et paraissent incapables de résister à un chômage un peu prolongé. Telle est, du reste, l'opinion des gérants. Ceux-ci ne désirent point la réforme de la loi de 1867, ils demandent, avant tout, que le gouvernement s'arrange pour leur donner du travail, puis pour les protéger contre la concurrence des ouvriers et des produits étrangers ; quelques-uns même, profitant de l'occasion, prient la commission d'enquête de faire acheter par l'état les produits qui leur restent en magasin. — Peut-être l'ouverture des lycées de filles a-t-elle facilité le placement des vingt pianos que la société des facteurs avait à vendre. — Il faut, d'après les vœux exprimés, que les entrepreneurs de l'état et de la ville de Paris soient tenus de faire exécuter en France toutes les commandes qui leur sont adjugées, que la ville et l'état confient de préférence leurs travaux à des sociétés ouvrières, que celles-ci soient dispensées du déficit de cautionnement, que les produits étrangers soient frappés de droits plus élevés, parce que la concurrence avec les autres pays, l'Allemagne surtout, où les salaires sont inférieurs, devient impossible. Du travail, et encore du travail, assuré, protégé et bien payé, voilà ce qu'on demande pour les sociétés ouvrières. Il semble que le gouvernement n'ait qu'à vouloir pour donner satisfaction. Précisément, un entrepreneur vient de proposer la construction d'un palais de cristal dans le parc de Saint-Cloud. Il y aura là pour 25 millions de travaux. Les sociétés ouvrières ont déjà la promesse d'y concourir dans une large mesure. Avec un ensemble auquel l'habile auteur du projet n'est certainement pas étranger, les déposants réclament le palais de cristal. Bref, le dernier mot des dépositions est invariablement celui-ci : « Nous prions la commission de nous faire donner des commandes, et tout ira bien. »

Il est douteux que la commission réponde à ces demandes. Elle voit d'ailleurs que lès vœux des ouvriers sont aujourd'hui parvenus directement à la chambre des députés. Elle pourra donc se considérer comme étant dessaisie et délivrée des questions les plus épineuses qui ont été touchées au cours de l'enquête, et s'en tenir, pour ce qui la concerne, à un simple avis sur le dépôt du cautionnement et sur la participation des ouvriers aux bénéfices, des entrepreneurs, adjudicataires des travaux publics. L'état peut-il renoncer à la garantie du cautionnement et suivre à cet égard l'exemple donné par l'administration de là ville de Paris ? Cette garantie a été jusqu'ici insérée dans les cahiers des charges ; elle est d'usage, non-seulement pour les travaux de l'état, mais encore pour les travaux de quelque importance exécutés au compte des compagnies ou même des simples particuliers : les ingénieurs et les architectes la jugent donc utile, sinon nécessaire. Si on la supprime, la mesure doit s'appliquer à tous les entrepreneurs comme aux sociétés ouvrières ; car on ne saurait admettre une catégorie privilégiée parmi les soumissionnaires de travaux. La décision dépend donc uniquement de considérations puisées dans l'intérêt de l'état et des contribuables. Il appartient à la conscience de la commission d'en préparer les éléments. — Quant à la diminution du rabais que l'on propose d'accorder, après l'adjudication, à ceux des entrepreneurs qui admettraient les ouvriers à la participation de leurs bénéfices, il ne faut pas perdre de vue qu'il y aurait là une prime destinée à accroître le salaire de la main-d'œuvre, et que cette prime, augmentant le prix des travaux adjugés, serait payée par l'état et par les contribuables. Un particulier qui a recours à l'adjudication pour faire exécuter des travaux se réserve toutes les garanties en même temps qu'il demande à la concurrence les meilleures conditions de prix. Il semble difficile que l'état puisse avoir intérêt à se conduire différemment. Les sociétés ouvrières, en vue desquelles il renoncerait à ces garanties, sont en petit nombre, et pour la plupart bien fragiles (c'est ce que l'enquête a démontré).

Charles-Hubert Lavollée

plus persévérants et plus convaincus, tentèrent d'organiser des associations en dehors du patronage officiel. Surexcités et secondés par la passion politique, ils invitèrent les travailleurs à s'émanciper eux-mêmes avec leurs seules ressources, par groupes corporatifs, pour l'honneur et pour le salut commun de la république et de la révolution. Ces appels demeurèrent à peu près sans écho. A la fin de 1850, on ne complaît à Paris, foyer de la prédication et de l'agitation, qu'une centaine de sociétés ouvrières, organisées à la hâte, dépourvues de capital et n'ayant aucune chance d'avenir ; la plupart d'entre elles pouvaient même n'être considérées que comme des sociétés de secours mutuels, recueillant des cotisations minimes pour les cas de maladie ou de chômage, mais tout à fait incapables de se livrer à l'œuvre de la production. En résumé, si l'on ajoute ces sociétés indépendantes aux sociétés subventionnées, on arrive à un total e cent cinquante à deux cents associations ouvrières, dont quelques-unes ne furent constituées que sur le papier, et dont la majeure partie n'eut qu'une durée de quelques mois. Tel fut le résultat du grand mouvement de 1848.

Est-il vrai, comme on le répète aujourd'hui dans les documents officiels, quelles premières associations ouvrières furent frappées, en même temps que la république, par le coup d'état du 2 décembre ? Cette allégation ne tient pas devant l'étude impartiale des faits. Les sociétés fondées de 1848 à 1850 succombèrent rapidement, parce qu'elles n'étaient pas nées viables. Tout leur faisait défaut ; le capital et le travail, l'organisation et le personnel. Si la république avait pu vivre, ces sociétés n'en seraient pas moins mortes. Bien avant le 2 décembre, le socialisme de 1848 était en faillite et se voyait à la veille de déposer son bilan. Le coup d'état lui rendit un grand service en lui procurant, par une révolution politique, l'occasion et l'excuse d'un beau trépas.

Nous arrivons à la période impériale. L'empire est fait, et le champ du socialisme est jonché de ruines. Les apôtres et les sectaires sont déportés ou proscrits ; les groupes restés fidèles sont dissous par la force ; plus de propagande possible ; la presse est réduite au silence ; l'autorité seule a, pour un temps, la parole et l'action. Que voit-on cependant si, laissant de côté les considérations d'ordre politique, l'on s'en tient à observer quelle a été, sous l'empire, la part faite au principe de l'association et particulièrement aux associations ouvrières ? Il est impossible de contester que cette part fut très considérable. Dès que l'empire se sentit affermi, les mesures rigoureuses qui avaient accompagné et suivi le coup d'état, les dissolutions violentes de sociétés et de groupes corporatifs firent place à toute une série d'études, de décrets, de lois qui avaient pour objet le développement du travail, par l'autorité d'abord, puis par la liberté, et qui, soit sous la forme autoritaire, soit sous la forme libre, visaient à améliorer au moyen de l'association le sort des classes populaires. Ce fut au point que, parmi les critiques le plus fréquemment dirigées contre l'empire, se rencontre l'imputation d'avoir ressuscité le socialisme et, avec le socialisme, l'esprit démagogique et révolutionnaire. L'empereur, disait-on, était socialiste.

Le sujet restreint de la présente étude ne comporte pas l'examen détaillé des réformes accomplies, sous l'empire, dans notre législation économique ; nous n'avons à nous occuper ici que du régime de l'association. — L'empire commença par encourager les associations de capital et les institutions de crédit. Il accordait ainsi de larges primes au capital, mais il créait en même temps d'abondantes sources de travail, et il prodiguait indirectement les salaires. La France était encore fort arriérée dans la pratique de l'association financière et industrielle ; d'autres pays, l'Angleterre en tête, la devançaient rapidement, et ce n'était point la république troublée de 1848 qui avait pu l'aider à regagner le terrain perdu. L'empire vit donc juste en donnant l'essor aux grandes entreprises et en accordant ses faveurs, dussent-elles même paraître excessives, aux associations de capitalistes et aux compagnies chargées d'exploiter les services publics. Il y avait pourtant un péril. Ces sociétés si fortement organisées, absorbant les capitaux et le crédit, maîtresses du marché, auraient pu opprimer le travail et rançonner les consommateurs. Il fallait donc trouver des garanties. Pour les consommateurs, ce fut la liberté des échanges, laquelle devait leur permettre de se pourvoir sur les différents marchés du monde ; pour le travail, c'est-à-dire pour les ouvriers, ce fut la réforme ou la suppression des lois qui s'opposaient à la libre discussion du salaire ; ce fut, en même temps, la faculté donnée aux travailleurs de s'associer comme le faisaient les capitalistes, de constituer des forces collectives en vue d'accroître autant que possible, par un

Charles-Hubert Lavollée

débat légitime, leur part de rémunération et de bien-être. Ainsi s'explique les traités de commerce, la réduction des droits de douane, la loi de 1864 sur le régime des coalitions, l'enquête sur les associations coopératives, la loi de 1867 sur les sociétés et maintes autres mesures destinées à fortifier, en l'améliorant, la condition du travail.

La politique jouait évidemment un grand rôle dans ces manifestations répétées. Il y avait là une question de popularité, question capitale sous un régime de suffrage universel. Lors même que les dispositions personnelles du souverain n'auraient pas été notoirement favorables à l'organisation des sociétés ouvrières, l'intérêt supérieur de la politique commandait au gouvernement de se prêter à un nouvel essai. L'échec des socialistes de 1848 pouvait ne pas être considéré comme décisif. Beaucoup d'ouvriers parmi les plus intelligents demeuraient fidèles à l'idée d'association, que les partis hostiles entretenaient avec soin comme une tradition républicaine et libérale. Les ouvriers délégués à l'exposition universelle de Londres, en 1862, avaient rapporté des impressions très vives au sujet des facilités qui étaient accordées à leurs collègues anglais pour se réunir, se concerter et s'associer. Le gouvernement ne pouvait pas méconnaître l'importance du mouvement qui agitait tous les ateliers et qui bientôt se propagea dans le peuple. Le problème de l'association ouvrière était posé de nouveau, et il devenait nécessaire de le résoudre. De 1862 à 1867, pendant la préparation de la loi sur les sociétés, tous les esprits s'y appliquèrent avec une sorte d'acharnement. L'empire et les partis luttaient à qui obtiendrait, dans l'opinion des classes ouvrières, le mérite de l'effort et l'honneur du succès.

Les sociétés dites *coopératives* étaient alors particulièrement en faveur. Le progrès des associations constituées sous cette forme, en Angleterre, avait attiré l'attention sympathique et confiante de tous ceux qui, en France, s'occupaient de la grande question du travail. L'exemple des « équitables pionniers de Rochdale » était cité et proclamé comme une démonstration complète du système, appliqua tout à la fois à la consommation et à la production d'un autre côté, on signalait le succès des associations coopératives de crédit organisées en Allemagne par M. Schulze-Delitzsch, économiste et financier de premier ordre, socialiste libéral et sensé, dont l'initiative, alors récente, avait créé une centaine de banques à l'usage des artisans et des plus modestes travailleurs. Il n'était question que de la coopération, des équitables pionniers, de M. Schulze-Delitzsch. L'engouement était général. Il suffisait, disait-on, de transporter en France les procédés et les règlements qui avaient réussi en Angleterre et en Allemagne, que l'Italie commençait à s'approprier et qui semblaient destinés à opérer partout une révolution bienfaisante dans la condition des ouvriers. — En même temps que la coopération, mais au second plan, le système de la participation aux bénéfices, pratiqué déjà en France sur une petite échelle, était expérimenté dans de grandes proportions en Angleterre par MM. Briggs, propriétaires de mines de houille dans le Yorkshire. — Par ces moyens, auxquels devait s'ajouter l'action des syndicats constitués à l'instar des *trades unions* d'Angleterre, l'émancipation du travailleur était certaine ; l'harmonie, cimentée par le partage équitable des profits, existait entre le travail et le capital ; plus de récriminations ; plus de grèves ; dans les ateliers comme dans la société, le contentement et la paix.

Ce n'étaient point dissertations vaines et platoniques. Le gouvernement, après avoir obtenu, non sans peine, la réforme du code pénal en matière de coalition, accorda la plus grande tolérance aux syndicats ouvriers qui se réunissaient contrairement aux termes rigoureux de la loi ; il ouvrit une enquête sérieuse sur la coopération avec le sincère désir de faciliter en France l'application du système ; il introduisit dans la loi un chapitre spécial à l'usage des sociétés coopératives. En dehors du gouvernement, et même contre lui, afin de combattre l'influence que pouvait lui donner sur la classe ouvrière un patronage aussi manifeste, il se forma divers comités de jurisconsultes appartenant aux partis de l'opposition, lesquels tenaient bureau ouvert pour rédiger des projets de statuts et pour guider les ouvriers dans l'accomplissement des formalités légales. Cela ne devait pas suffire. Les sociétés ouvrières qui essayaient de se constituer étaient le plus souvent dépourvues de capital, et le crédit leur faisait également défaut. On créa des banques pour les commanditer et pour escompter leur papier : en 1865, ce fut la caisse d'escompte qui avait pour fondateurs les membres les plus considérables et les plus estimés de l'opposition libérale ; plus tard, sous le patronage direct de l'empereur, fut instituée une maison de banque dont le capital fut en grande partie fourni par la liste civile. Certes, rien ne devait être plus profitable pour les associations ouvrières que cette concurrence établie entre le gouvernement et les partis. On leur donnait des capitaux et du crédit, on ne leur demandait que des votes. C'était une bourse ayant la popularité pour but, une course au clocher, menée ardemment sous l'éperon de la politique, sans souci des obstacles. — Est-il besoin de rappeler à quoi aboutirent ces démonstrations, ces efforts, ces sacrifices ? Les sociétés coopératives ne se constituèrent qu'en petit nombre et bien peu dans des conditions durables. Dès avant 1870, la caisse d'escompte avait disparu, comme avait précédemment sombré une autre banque de crédit populaire ; la banque impériale était vouée au même destin si la liste civile ne l'avait soutenue jusqu'au 4 septembre. Finalement, résultat négatif, échec à peu près complet. A la fin de d'empire comme après 1848, le problème des associations ouvrières était encore à résoudre.

Partie II

L'association ouvrière, sous la forme coopérative, avait obtenu du gouvernement impérial toutes les facilités, toutes les faveurs, qui auraient dû la rendre accessible et praticable pour la grande majorité des travailleurs. Après l'empire, la commune, maîtresse de Paris, adopta le principe ; elle décréta, le 16 avril 1871, que les chambres syndicales seraient chargées « d'élaborer un projet de constitution pour les sociétés coopératives ouvrières. » Ce décret ne pouvait être, comme tant d'autres décrets du même genre, qu'une vaine déclamation, mais il atteste que l'idée avait pris racine dans les ateliers et que la coopération conservait tout son prestige. Lorsque, par la défaite de la commune, les affaires politiques entrèrent à peu près dans l'ordre, il était permis de concevoir que cette forme d'association ouvrière, patronnée par les organes de la démocratie, recommandée par les anciens libéraux, (devait prendre quelque développement, et que la coopération allait se répandre et s'épanouir sous le régime de la liberté républicaine. Les circonstances étaient particulièrement favorables. Aux chômages forcés de 1870 et de 1871 succédait, de 1872 à 1874, une période de grande activité dans toutes les industries. Le capital reparaissait, fatigué d'une longue inertie et très ardent à réparer les pertes que la guerre et la révolution lui avaient infligées ; le travail abondait dans tous les ateliers. Par conséquent, l'association ouvrière rencontrait l'occasion de se constituer et de disputer à l'ancien système du patronat une clientèle impatiente et nombreuse. C'était bien le moment de prouver que l'association, la coopération, n'étaient point un mouvement factice. Plus que jamais la réalisation du système était rendue facile par les événements, et l'on ne pouvait plus dire que l'expérience serait faussée par l'intervention d'une autorité impériale ou monarchique, dont la tutelle intéressée ne méritait que d'être repoussée avec dédain, comme un présent d'Artaxerce. — C'est ici qu'il devient utile d'étudier l'enquête ordonnée en 1883 par le ministre de l'intérieur. Cette enquête doit nous montrer ce qui a été fait, depuis 1870, sous la république, en matière d'association.

Au 31 juillet 1883, on comptait, dans le département de la Seine, cinquante et une associations coopératives ouvrières de production. Le document ministériel qui en donne la liste ne fournit aucune indication sur les sociétés de consommation, ni sur les sociétés de crédit, mais on sait que les sociétés de consommation, après divers essais, n'ont pu se maintenir qu'en très petit nombre, et que les sociétés de crédit n'ont pas même été expérimentées. C'est pour ces motifs que l'enquête s'est occupée seulement des sociétés coopératives de production ; ce sont, d'ailleurs, les plus importantes à étudier au point de vue de la question du travail et dans l'intérêt des ouvriers. Sur les cinquante et une sociétés de production dont l'existence était constatée en 1883, trente-quatre étaient constituées sous la forme de la société anonyme à capital variable, suivant les conditions réglées par la loi de 1867 ; le surplus était soumis au régime de la société anonyme ordinaire ou de la société en commandite. — Il reste à peine une dizaine de sociétés coopératives dont l'origine remonte au-delà de 1870. Les sociétés fondées de 1848 à 1850, dans la ferveur du premier mouvement socialiste, ou de 1865 à 1870, avec le patronage et la commandite de la caisse d'escompte populaire ou de la banque impériale, ont presque toutes disparu. La majeure partie des sociétés actuellement existantes date de 1880 à 1883, et cette résurrection apparente de la coopération ne peut être attribuée qu'à une influence administrative, le conseil

Charles-Hubert Lavollée

municipal de Paris, la préfecture de la Seine et le ministère de l'instruction publique ayant manifesté l'intention d'accorder leur préférence, pour la commande de certains travaux, à des sociétés ouvrières. Il est à craindre que la plupart de ces opérations, organisées en vue d'exécuter les travaux de la ville et de l'état, ne soient obligées de se dissoudre, lorsque, pour un motif ou pour un autre, les travaux viendront à leur manquer. Admettons cependant qu'elles survivent et comprenons-les dans cette statistique de la coopération. Tout cela donne le total de cinquante et une sociétés en 1883, représentant un capital de 3 à 4 millions et comptant à peine quatre mille associés. Ces chiffres sont maigres. L'échec de la coopération a été aussi complet sous la république de 1870 que sous la république de 1848 et sous l'empire, et pourtant l'expérience récente s'est poursuivie dans des conditions plus favorables : elle n'a pas été au même degré qu'en 1848, compromise par l'élément politique et révolutionnaire ; elle n'a pas été effarouchée, comme elle aurait pu l'être sous l'empire, par l'intervention d'un patronage officiel, dont les promoteurs de l'idée coopérative redoutaient et repoussaient l'importune séduction. L'expérience, à partir de 1870, a été plus libre, plus saine, et elle est, par conséquent, plus décisive. On voit, par les chiffres, ce qu'elle a produit.

Les chiffres ne disent pas tout : il faut juger de la qualité et rechercher ce que valent les sociétés recensées en 1883. La commission d'enquête a entendu les représentants de trente-quatre sociétés coopératives. Elle a reçu leurs réponses au questionnaire qui avait été préparé, elle les a interrogés sur les détails de leur organisation et elle a dû, en les écoutant tour à tour, passer par les impressions les plus diverses. Parmi les déposants, les uns ont exprimé une confiance absolue dans l'avenir de l'association ; ils ont la foi, ils veulent être les missionnaires d'une idée, ils revendiquent le titre d'apôtres : « Nous sommes plutôt des apôtres que des commerçants, » a dit un des directeurs de la société des typographes. Les autres, moins enthousiastes, n'ont point dissimulé les difficultés qu'ils ont éprouvées pour se constituer, ni les peines qu'ils ont à vivre. Combien de sacrifices pour récolter un capital presque toujours insuffisant, pour recruter des associés et les retenir dans l'atelier commun ! combien d'efforts pour obtenir le crédit nécessaire, pour alimenter régulièrement le travail et traverser les temps de chômage ! Il n'est pas besoin d'ajouter que l'administration de ces petites républiques est des plus laborieuses. Les citoyens, c'est-à-dire les ouvriers, y sont aussi difficiles à gouverner que les affaires. Le gérant n'est-il pas une sorte de patron, quoiqu'il soit élu et amovible ? trop amovible assurément, car c'est là une cause d'infériorité pour les sociétés ouvrières dans leurs rapports avec les tiers, les changements trop fréquents de personnel et de signatures pouvant nuire à la solidité des engagements. Sur ce point, cependant, la société des charpentiers de La Villette fait exception. Son directeur est nommé à vie ; il pratique « la république autoritaire (la seule qui lui paraisse possible) ; » il n'entend pas être confondu avec les anarchistes, il veut que les propriétaires n'aient pas peur de l'association qu'il dirige, il travaille pour tout le monde, même pour les couvents ! — A côté de ce gérant à poigne, voici venir plus modeste le gérant de l'association des facteurs de pianos : « En rentrant, dit-il, je vais me déshabiller et me mettre à l'établi ; s'il y a une course à faire ensuite, je m'habille et je fais la course… » Dans les petites associations, c'est ainsi que les choses se passent le plus souvent, avec les gérances amovibles, que chaque associé exerce à tour de rôle en vertu du principe d'égalité. La république ouvrière exige que son président opère lui-même, prenne sa part à la besogne et travaille ferme. C'est d'un bon exemple.

Rien de plus honorable, de plus honnête que l'effort de l'ouvrier pour améliorer sa condition et celle de sa famille par l'intelligence, le travail et l'économie. Plus le succès paraît difficile, plus grand est le mérite, et les dépositions produites devant la commission d'enquête témoignent de l'activité et de la bonne conduite, poussées parfois jusqu'à la vertu, dont il a fallu que fussent doués quelques-uns de ces groupes d'ouvriers qui ont créé des sociétés coopératives. Mais la vertu ne suffit pas pour fonder une société d'industrie ou de commerce ; il y faut joindre au moins un certain degré d'instruction qui permette à l'associé de se rendre compte des dispositions légales, de ses devoirs et de ses droits. Or, il résulte de l'enquête que les fondateurs de la plupart des associations ouvrières ont été accrochés, dès leur premier acte de constitution, aux broussailles de la procédure et que leurs adhérents ne connaissent même pas l'une des obligations les plus essentielles que leur impose la loi de 1867. D'après l'article 52 de la loi, « l'associé qui cesse de faire

Charles-Hubert Lavollée

partie de la société reste tenu, pendant cinq ans, envers les tiers, de toutes les obligations existant au moment de sa retraite. » Il n'est pas nécessaire d'expliquer les motifs et la gravité de cette clause. Interrogés sur le point de savoir si la crainte d'une responsabilité encourue pour un délai de cinq années ne ferait pas obstacle à la création des sociétés coopératives, les gérants ont répondu presque unanimement que les ouvriers ignorent cette condition, ou que, si par hasard, ils la connaissent, ils ne s'en inquiètent guère. Une fois sorti du groupe, l'associé se croit quitte et ne se soucie pas des engagements qu'il peut laisser derrière lui. Si cette déclaration donne la mesure de la sincérité des déposants, elle n'est point faite pour établir le crédit des associations.

Aussi, est-il permis de dire que, sauf de très rares exceptions, ces sociétés bien intentionnées, mais mal armées pour la lutte des affaires, se sont engagées à l'aventure et paraissent incapables de résister à un chômage un peu prolongé. Telle est, du reste, l'opinion des gérants. Ceux-ci ne désirent point la réforme de la loi de 1867, ils demandent, avant tout, que le gouvernement s'arrange pour leur donner du travail, puis pour les protéger contre la concurrence des ouvriers et des produits étrangers ; quelques-uns même, profitant de l'occasion, prient la commission d'enquête de faire acheter par l'état les produits qui leur restent en magasin. — Peut-être l'ouverture des lycées de filles a-t-elle facilité le placement des vingt pianos que la société des facteurs avait à vendre. — Il faut, d'après les vœux exprimés, que les entrepreneurs de l'état et de la ville de Paris soient tenus de faire exécuter en France toutes les commandes qui leur sont adjugées, que la ville et l'état confient de préférence leurs travaux à des sociétés ouvrières, que celles-ci soient dispensées du déficit de cautionnement, que les produits étrangers soient frappés de droits plus élevés, parce que la concurrence avec les autres pays, l'Allemagne surtout, où les salaires sont inférieurs, devient impossible. Du travail, et encore du travail, assuré, protégé et bien payé, voilà ce qu'on demande pour les sociétés ouvrières. Il semble que le gouvernement n'ait qu'à vouloir pour donner satisfaction. Précisément, un entrepreneur vient de proposer la construction d'un palais de cristal dans le parc de Saint-Cloud. Il y aura là pour 25 millions de travaux. Les sociétés ouvrières ont déjà la promesse d'y concourir dans une large mesure. Avec un ensemble auquel l'habile auteur du projet n'est certainement pas étranger, les déposants réclament le palais de cristal. Bref, le dernier mot des dépositions est invariablement celui-ci : « Nous prions la commission de nous faire donner des commandes, et tout ira bien. »

Il est douteux que la commission réponde à ces demandes. Elle voit d'ailleurs que lès vœux des ouvriers sont aujourd'hui parvenus directement à la chambre des députés. Elle pourra donc se considérer comme étant dessaisie et délivrée des questions les plus épineuses qui ont été touchées au cours de l'enquête, et s'en tenir, pour ce qui la concerne, à un simple avis sur le dépôt du cautionnement et sur la participation des ouvriers aux bénéfices, des entrepreneurs, adjudicataires des travaux publics. L'état peut-il renoncer à la garantie du cautionnement et suivre à cet égard l'exemple donné par l'administration de là ville de Paris ? Cette garantie a été jusqu'ici insérée dans les cahiers des charges ; elle est d'usage, non-seulement pour les travaux de l'état, mais encore pour les travaux de quelque importance exécutés au compte des compagnies ou même des simples particuliers : les ingénieurs et les architectes la jugent donc utile, sinon nécessaire. Si on la supprime, la mesure doit s'appliquer à tous les entrepreneurs comme aux sociétés ouvrières ; car on ne saurait admettre une catégorie privilégiée parmi les soumissionnaires de travaux. La décision dépend donc uniquement de considérations puisées dans l'intérêt de l'état et des contribuables. Il appartient à la conscience de la commission d'en préparer les éléments. — Quant à la diminution du rabais que l'on propose d'accorder, après l'adjudication, à ceux des entrepreneurs qui admettraient les ouvriers à la participation de leurs bénéfices, il ne faut pas perdre de vue qu'il y aurait là une prime destinée à accroître le salaire de la main-d'œuvre, et que cette prime, augmentant le prix des travaux adjugés, serait payée par l'état et par les contribuables. Un particulier qui a recours à l'adjudication pour faire exécuter des travaux se réserve toutes les garanties en même temps qu'il demande à la concurrence les meilleures conditions de prix. Il semble difficile que l'état puisse avoir intérêt à se conduire différemment. Les sociétés ouvrières, en vue desquelles il renoncerait à ces garanties, sont en petit nombre, et pour la plupart bien fragiles (c'est ce que l'enquête a démontré).

Charles-Hubert Lavollée

Suffirait-il, pour les faire vivre et multiplier, de modifier quelques articles du cahier des charges, au risque de compromettre la bonne exécution et l'achèvement des travaux ? De même pour la clause relative à la participation aux bénéfices. C'est un système, ou plutôt une expérience. Convient-il que l'état se déclare l'apôtre d'un système et que, par ses mains, les contribuables paient les frais d'une expérience ? Cela n'est guère soutenable. Quoi qu'il en soit, examinons en quoi consiste la « participation aux bénéfices, » qui, à la suite de l'association coopérative, a comparu devant la commission d'enquête.

La participation aux bénéfices n'est point chose nouvelle. Depuis bien longtemps, dans les établissements de banque et dans les maisons de commerce, les commis et les employés reçoivent, indépendamment de leur traitement fixe, une rémunération qui, sous le nom de part d'intérêt ou de gratification, varie chaque année selon les résultats de l'inventaire. On peut lire également, dans les statuts d'un certain nombre de sociétés industrielles ou commerciales, une clause autorisant le prélèvement d'une part déterminée des bénéfices au profit du personnel. Enfin, l'état lui-même alloue à diverses catégories de fonctionnaires des remises calculées d'après les recettes qu'ils encaissent ou d'après les économies ou bonis qu'ils réalisent. Tantôt, l'allocation supplémentaire ne représente, en fait, qu'une augmentation peu importante du traitement fixe ; tantôt elle représente la plus forte part de la rémunération totale. Cela dépend du genre d'industrie, de la nature des services, de conditions particulières qui se diversifient à l'infini. Sous ces différentes formes, la participation aux bénéfices, et même, dans certains cas, le prélèvement sur les produits bruts est tout à fait équitable : chacun des agents ou commis est intéressé au succès et au développement de l'entreprise. Le partage est facile, s'opérant annuellement entre parties prenantes, qui sont ordinairement peu nombreuses et qui sont des employés réguliers et permanents.

Ce point établi, il s'agit d'appliquer le système à la rémunération de la main-d'œuvre, dans les ateliers et dans les usines. Si les ouvriers, dépourvus de capital, ne sont pas en mesure de former des associations, ne pourrait-on point les associer d'une façon directe aux bénéfices du capital possédé et administré par les patrons ?

Leur part de bénéfice, soit qu'on la distribue immédiatement, soit qu'on la mette en réserve, ne les ferait-elle pas capitalistes à leur tour et capables de s'associer utilement ? Le système de la participation préparerait ainsi la création des sociétés coopératives ; ce serait un régime de transition, par lequel les ouvriers pourraient, en certains cas, devenir propriétaires de l'usine. A supposer que cette dernière visée paraisse trop ambitieuse ou que le but à atteindre semble trop lointain, l'on nous signale les résultats immédiats de la communauté d'intérêts qui se forme entre le patron et ses ouvriers, entre le capital et le salaire. Par l'effet d'une mutuelle confiance, l'ordre est maintenu dans les ateliers, à tous les degrés du travail ; les conflits si redoutables qui éclatent trop souvent au sujet du salaire sont prévenus ou facilement apaisés ; il n'y a plus de grèves, car l'ouvrier, associé aux bénéfices, ne saurait conspirer contre lui-même. L'intérêt du patron n'est pas moins satisfait que celui du travailleur : si l'abandon d'une part de son bénéfice augmente ses frais de main-d'œuvre, il obtient, par compensation, la certitude que les ouvriers, devenus ses associés, seront plus assidus, plus actifs, et par suite produiront davantage. Enfin, il est nécessaire que les ouvriers cessent d'être indifférents aux destinées de leur industrie ; dans l'état actuel, ils ne songent qu'avoir augmenter le salaire fixe et diminuer les heures de travail, ils risquent, par des prétentions exagérées, d'élever les prix de revient au point de rendre impossible la lutte contre la concurrence étrangère. Appelés à participer aux bénéfices, ils seraient mieux au courant des affaires de leur usine, ils connaîtraient les comptes annuels, et ils ne seraient plus tentés de réclamer pour leur rémunération au-delà de ce qui serait acceptable et légitime. — Tels sont les principaux arguments des promoteurs de la participation, arguments qui ont été développés devant la commission d'enquête, soit par des publicistes qui se sont consacrés à la propagation de l'idée, soit par des industriels qui, prêchant d'exemple, ont adopté le système dans leurs ateliers. »

Deux objections se présentent naturellement à l'esprit. La participation aux bénéfices n'implique-t-elle pas la participation aux pertes, et, dans le cas de perte, comment les ouvriers pourront-ils fournir leur contribution ? En second lieu, le droit de participation n'entraîne-t-il pas le droit de contrôler les comptes, de discuter les inventaires, d'établir les bénéfices, et comment

Charles-Hubert Lavollée

l'intérêt de l'entreprise et l'autorité du patron s'accommoderont-ils de la communication des comptes et d'une discussion de chiffres avec les ouvriers ? — Les défenseurs du système ont répondu à cette double objection. La part de bénéfices étant allouée à titre d'augmentation éventuelle du salaire, les ouvriers n'ont rien à payer en cas de perte ; la seule conséquence des années de perte, pour les ouvriers, c'est de voir diminuer ou disparaître le capital de réserve provenant d'un Prélèvement spécial et convenu sur les bénéfices des années favorables. Le salaire fixe demeure intacte — Pour ce qui concerne les comptes, rien de plus simple. Le patron garde toute son autorité. Les ouvriers sont tenus d'accepter le bilan, les inventaires, les profits et pertes, tels qu'ils sont arrêtés par la direction. Il n'y a donc pas de contestation possible. On fait observer que, dans les entreprises constituées sous la forme anonyme, les ouvriers doivent nécessairement s'en rapporter aux comptes vérifiés par la commission et approuvés par les assemblées générales, et que, dans les entreprises individuelles, la probité des comptes est garantie par la collaboration des employés comptables qui sont eux-mêmes des participants. C'est ainsi que les industriels entendus par la commission d'enquête ont déclaré qu'ils procédaient, sans avoir rencontré jusqu'ici aucune difficulté : Le plus difficile, a dit l'un d'eux, ce n'est pas de répartir les bénéfices, c'est de les réaliser.

Il existe en France une cinquantaine d'établissements qui ont adopté ce régime, et leurs chefs rendent en général bon témoignage des résultats qu'ils ont obtenus. Le chiffre est bien minime, il englobe à peine dix mille ouvriers, et pourtant la propagande, appuyée des meilleurs exemples, date déjà de plusieurs années. Remarquons, en outre, que ces établissements privilégiés sont pour la plupart solidement assis, qu'ils ont pour directeurs des hommes d'intelligence supérieure, inspirés par le dévouement qui rend facile le partage des profits, secondés par une fortune acquise qui permet de supporter les pertes, quelques-uns mêmes possédés de la foi qui transporte les montagnes. Il faut bien se garder de décourager de tels efforts. Assez d'autres prêchent la division et pratiquent l'égoïsme. Ces croisés de la participation, qui veulent avec tant de ferveur la répartition pacifique des fruits du travail, méritent le respect ; mais, s'il est désirable que leur exemple soit imité, il paraît douteux que leur système prenne jamais une grande place dans le mécanisme industriel.

La participation telle qu'elle est appliquée n'est point, à vrai dire, un système, ni même un contrat ; c'est simplement une libéralité. Il se peut que le travail plus productif de l'ouvrier participant, justifie la condition qui l'exempte de supporter les pertes de travail à la tâche donnerait des résultats plus certains ; mais la clause qui laisse au patron la faculté exclusive de dresser l'inventaire d'où résulte le néant ou la quotité des bénéfices, cette clause nécessaire enlève à la combinaison toute base solide. Si la participation entrait à ce point dans les mœurs industrielles qu'il devînt utile de la consacrer par des mesures législatives, il est clair que la loi prétendrait régler, d'une façon moins primitive et plus précise, les conditions de l'accorda intervenir entre le patron et les ouvriers. Devenue système, devenue loi de l'industrie, et c'est ainsi seulement qu'elle se révélerait comme un progrès sérieux et décisif, la participation serait inacceptable pour la grande majorité des usines.

D'un autre côté, même dans ses conditions actuelles, la participation ne sera recherchée par les ouvriers que si elle est effective, c'est-à-dire si les bénéfices sont fréquents et s'ils atteignent un chiffre appréciable. Or ne perdons pas de vue que le taux du salaire demeure fixé aux cours du marché, qu'il ne subit aucune réduction ni retenue, et que dès lors le patron, par rapport à ses concurrents, ne réalise pas sur la main-d'œuvre une économie qu'il puisse distribuer, à la fin de l'année, comme part de bénéfices. Non, il faut que le bénéfice industriel soit obtenu, tous frais de main-d'œuvre payés. Sont-ils nombreux les établissements qui donnent presque chaque année des bénéfices, ou dont les bénéfices intermittents sont assez considérables pour fournir une quote-part qui augmente sensiblement le salaire ? On citera des exemples : la plupart des usines dont il a été question dans l'enquête sont dans ce cas ; mais n'est-il pas vrai qu'elles sont organisées et administrées dans des conditions sinon exceptionnelles, du moins particulièrement favorables ? Elles comptent de longues années d'existence, elles sont bien conduites et présentent toutes les garanties de durée ; elles assurent ainsi à l'ouvrier la continuité du travail, la permanence des engagements et la perspective d'une répartition à peu près régulière de bénéfices. En est-il de même

Charles-Hubert Lavollée

pour la majorité des usines ? Tant que les ouvriers recevront une part de bénéfices, tout ira bien ; mais s'il survient une série d'années au bout desquelles la rémunération supplémentaire sur laquelle ils comptent leur fera défaut, le découragement naîtra en même temps que la défiance. Beaucoup prétendront qu'ils sont trompés, que les comptes sont établis de manière à masquer les bénéfices et que le patron s'enrichit à leurs dépens. C'est la nature humaine. Il est superflu d'insister. Les esprits pratiques saisissent du premier coup d'œil les difficultés multiples et de toute nature qui s'opposent aux progrès de la participation érigée en système. L'échec éprouvé par MM. Briggs, propriétaires des houillères du Yorkshire, peut servir d'enseignement. MM. Briggs avaient adopté la participation en 1865 ; ils ont dû y renoncer en 1874. Tout en acceptant avec la plus vive satisfaction les dividendes que leur procurait une période d'années prospères, les ouvriers demeuraient attachés au syndicat de leur corporation, et, lorsque sont arrivés les mauvais jours, lorsque la caisse de la participation a été vide, ils se sont mis en grève comme de simples salariés. Et cependant, on s'en souvient, l'expérience tentée par MM. Briggs était citée et célébrée partout, en Angleterre comme en France, à l'égal de la Société des équitables pionniers de Rochdale. Il y a donc là, nous le croyons, une grande illusion et une vertueuse chimère. Dieu nous préserve de la participation *obligatoire*, qui fait l'objet d'une proposition de loi soumise en ce moment à la chambre des députés ! Il s'agirait, comme on l'a demandé à la commission d'enquête, de ne concéder les travaux de l'état qu'à des entreprises organisées suivant ce régime. Il est vraiment étrange que nos législateurs et nos réformateurs, en ce temps de liberté, s'acharnent à rendre tout obligatoire et qu'ils prétendent nous imposer les idées, bonnes ou fausses, qui leur viennent en tête ! Que la participation reste libre, absolument libre, rien de mieux ; elle peut, dans un cercle limité par la nature des choses, être utile et bienfaisante ; mais il n'est pas admissible que l'on veuille en faire un article de foi, encore moins un article de loi. Aucun intérêt ne conseille de l'introduire, par privilège, dans la pratique administrative. Il en résulterait un surcroît de dépense pour l'état, un embarras pour les entrepreneurs, un profit très incertain et fort minime pour la main-d'œuvre. Les ouvriers ne paraissent point, d'ailleurs, désireux d'être payés en cette monnaie, qui n'a point eu cours jusqu'ici sur le vaste marché du travail. Ils demandent autre chose, et plus.

Partie III

Au début des expériences tentées pour l'organisation des sociétés coopératives, les ouvriers se laissaient volontiers séduire par la pensée que le salaire allait disparaître. On les avait habitués à considérer le capital comme un ennemi, le patron comme un tyran et le salaire comme une marque de servitude. Ils aspiraient à devenir associés, parce que l'association, même à parts inégales, est un signe d'égalité personnelle. La suppression du salariat, voilà quelle devait être, à leurs yeux, la grande réforme. Vainement les économistes s'appliquèrent-ils à démontrer que le salaire est né d'un acte d'association, — que, sauf la quotité qui est à débattre, il représente, sous la forme la plus simple, la part de rémunération qui revient à la main-d'œuvre dans le produit achevé par la collaboration du travail et du capital, — enfin qu'il est à l'abri de tout risque. Vainement les moralistes essayèrent-ils de réhabiliter le salaire. Ces dissertations, quelquefois éloquentes, n'étaient pas de forcé à détruire l'effet de la déclamation politique et révolutionnaire qui recrutait des adhérents dans les ateliers. Aujourd'hui même, malgré les échecs répétés des essais d'association, les préjugés contre le salariat subsistent, et les avocats des ouvriers continuent à flétrir le prétendu servage ; mais, en attendant la révolution promise, les travailleurs se placent sur le terrain même du salaire pour livrer bataille au capital ; ils ne cherchent plus avec la même ardeur que par le passé à s'associer pour la production et pour le partage direct des produits de leur travail ; ils désirent se syndiquer (c'est le terme nouveau). Les syndicats, organisés en face des patrons, auront pour objet de régler les conditions de la main-d'œuvre, c'est-à-dire de réclamer les salaires les plus élevés. De même que les ennemis du capital sont les plus acharnés à le posséder, de même les ennemis du salariat se précipitent maintenant vers la conquête du salaire. Les syndicats professionnels représentent une forme particulière d'association ouvrière ; on ne saurait dire que l'institution soit tout à fait moderne, car elle emprunte quelques traits aux corporations de l'ancien régime ; mais elle introduit un élément nouveau, un

Charles-Hubert Lavollée

puissant renfort, dans la discussion qui s'agite entre le capital et la main-d'œuvre.

Les syndicats fonctionnent, depuis plus de vingt ans, sous le couvert de la tolérance administrative. Les patrons comme les ouvriers ont créé des chambres syndicales, où ils se réunissent et délibèrent presque publiquement. La loi nouvelle aura pour effet de reconnaître et de légitimer ces associations, qui seront désormais constituées régulièrement, à l'abri du caprice administratif, avec les moyens d'action et les garanties d'avenir que les statuts pourront leur assurer. D'excellents esprits s'alarment à la pensée que les syndicats professionnels s'égareront dans la politique ou donneront le signal des grèves. Ils craignent de voir renaître, au moyen des syndicats coalisés, l'association internationale des travailleurs, et ils redoutent, pour les ouvriers surtout, les perturbations économiques et le péril social. Ces appréhensions seront peut-être justifiées, mais comment repousser des demandes qui s'appuient sur le principe de la liberté du travail et ne point ratifier, au moment où nous sommes, la tolérance qui a favorisé le développement des syndicats ? L'association internationale des travailleurs, proscrite par la loi française, n'a pas un seul instant cessé d'exister : elle tient ses séances en Angleterre, en Belgique, en Suisse et elle conserve en France de nombreux et actifs correspondants. A défaut de syndicats professionnels, les comités, les sociétés de toute sorte, même les sociétés de secours mutuels, ne manqueraient pas pour former les coalitions qui mènent à la grève. Les interdictions et les restrictions de la loi sont aujourd'hui impuissantes. Aux esprits qui s'alarment nous dirons : Il faut se résigner à ce que l'on ne peut empêcher ; il faut accepter la liberté. Il est vrai que la liberté n'est pas sans péril, mais, en même temps qu'on la subit, on peut l'imposer à ses adversaires et triompher par elle des excès, de la violence, et des chimères. Dans les conflits économiques plus encore que dans les luttes politiques, la force des choses donne à la raison le dernier mot. Voici donc des syndicats organisés pour obtenir l'élévation des salaires. Nous savons déjà par les demandes produites devant la commission d'enquête, par les pétitions adressées à la chambre des députés, ce que réclament les représentants des ouvriers, et il importe d'établir que la plupart de ces demandes ont reçu, au cours même de l'enquête, la réponse la plus décisive. Il résulte, en effet, de nombreuses dépositions que, pour Paris, c'est l'exagération des salaires qui a mis en péril le travail, c'est-à-dire le salaire lui-même et que tes remèdes empiriques proposés ou appliqués déjà pour atténuer la crise sont tout à fait dépourvus d'efficacité.

Le prix de la main-d'œuvre devrait, comme celui de toute marchandise, se régler d'après la loi de l'offre et de la demande. C'est ce qui arrive dans les pays qui sont habitués au régime de la liberté ; le salaire hausse ou baisse, selon l'activité plus ou moins grande du travail : en Angleterre et en Belgique, par exemple, où la liberté du commerce existe au même degré que la liberté politique, les périodes de baisse dans le taux des salaires sont presque aussi fréquentes que les périodes de hausse. Il n'en est pas de même en France. Par suite d'anciennes habitudes et de traditions qui remontent au régime prohibitif, les diminutions de salaires y sont beaucoup plus rares. Défendus autrefois contre la concurrence étrangère par le tarif des douanes, les patrons devaient et pouvaient, en temps de crise et pour prix de la protection qui les enrichissait durant les jours de prospérité, maintenir le taux des salaires au profit de leurs ouvriers. Cette tradition, avantageuse pour la main-d'œuvre, s'est à peu près conservée, bien que l'ouverture de nos marchés à la concurrence internationale ait sensiblement modifié la condition du capital. Ce n'est pas tout : à Paris et dans quelques grandes villes, l'administration municipales établi des séries de prix destinées à servir de base, et non de règle, dans les adjudications de travaux publics. Le prix des salaires est naturellement prévu dans ces devis, et il y est calculé largement afin qu'il reste aux entrepreneurs qui concourent pour la soumission des travaux une certaine marge de baisse. C'est également d'après la série de la ville que sont adjugés la plupart des travaux exécutés pour le compte des particuliers. Or, on demande que le prix de la série pour la main-d'œuvre, prix qui ne devrait être que la prévision d'un maximum, soit le prix ferme dû à l'ouvrier, et le conseil municipal n'est pas éloigné d'adopter cette interprétation en imposant aux entrepreneurs de la ville l'obligation de payer ainsi le maximum de salaires. L'activité de l'industrie parisienne s'étant ralentie, les patrons éprouvaient déjà une grande difficulté à maintenir les prix de main-d'œuvre précédemment acquis : voici maintenant qu'il leur faudrait augmenter les salaires, Cela est évidemment impossible. L'élévation excessive ou

.

Charles-Hubert Lavollée

inopportune des salaires a pour effet de tarir les sources mêmes du travail, soit en augmentant le prix de revient des produits au point de les rendre trop chers pour la consommation, soit en provoquant l'importation des productions similaires de l'étranger. L'enquête est, à cet égard, pleine d'informations fournies par les ouvriers eux-mêmes. Dans l'industrie du bâtiment, l'étranger qui ne nous envoyait jusqu'ici que des matériaux non ouvrés, nous expédie aujourd'hui des pièces fabriquées, et mêmes peintes, des portes et des fenêtres, par exemple, dont les premiers débarquements sur les quais du Havre, causèrent une véritable surprise. La main-d'œuvre parisienne est devenue tellement coûteuse qu'il y a intérêt à faire travailler les bois dans des ateliers improvisés en Norvège, où les salaires sont modérés. De même, pour l'ébénisterie commune, depuis que, sous la pression de quelques-syndicats, les ouvriers du faubourg Saint-Antoine ont exigé une rémunération plus forte. Beaucoup de meubles nous arrivent aujourd'hui d'Allemagne ou de Belgique, malgré la cherté des transports par chemins de fer. De même encore pour d'autres articles, de l'industrie parisienne, pour des produits artistiques, dont la fabrication lui avait été jusqu'ici réservée. Pourquoi ne pas ajouter que certains patrons, frappés ou menacés par les grèves, commencent à faire exécuter leurs commandes dans les ateliers étrangers, ou qu'à Paris même ils emploient des ouvriers suisses, allemands, italiens, de préférence aux ouvriers français ? Ces faits, relatés dans l'enquête, ne sont que trop exacts. Les grands travaux subissent un temps d'arrêt qui était à prévoir à la suite d'un véritable débordement de constructions ; d'un autre côté, par le fait des grèves et de la hausse des salaires, l'industrie parisienne a vu se restreindre ou se fermer pour elle les marchés de l'intérieur et du dehors, où elle écoulait ses produits.

L'origine et les causes de la crise sont donc bien connues. Quels remèdes propose-t-on ? Exclure les ouvriers étrangers des travaux adjugés pour le compte de l'état et des villes, ce serait un expédient, d'une bien faible portée, contraire d'ailleurs aux habitudes ' internationales et pouvant susciter contre nous de justes représailles. Obliger les entrepreneurs qui traitent avec l'état ou avec les villes à ne fournir que des produits fabriqués en France, à l'instar de ce qui s'est fait récemment dans les contrats passés avec les services de paquebots, ce ne serait encore qu'un expédient peu efficace, car, dans les villes, les travaux publics ne contribuent que pour une part relativement faible à l'ensemble de l'activité industrielle. Il est vrai que l'on incite en même temps le gouvernement et les conseils municipaux, à entreprendre une nouvelle série de travaux, à escompter, en quelque sorte, les besoins de l'avenir et à procéder tout de suite à des dépenses dont l'utilité ultérieure peut être prévue. C'est ainsi, par exemple, que l'on aurait déjà fait des commandes de mobiliers scolaires pour des écoles qui ne sont pas encore construites. Peut-être, si l'on prenait la peine de calculer ce que cette combinaison procure en salaires, trouverait-on que le résultat ne rachète pas les inconvénients économiques et financiers d'une pareille mesure. Ce mode de virement ou d'anticipation est contraire à toute prudence. En outre, ne voit-on pas que ces divers moyens se retournent, par une évolution très logique, contre l'intérêt au profit duquel on prétend les employer ? Les restrictions dans les contrats se paient par l'élévation du prix des travaux qui sont à la charge de l'état ou des villes. Ces travaux, exécutés d'urgence, ne peuvent être soldés que par des emprunts, des impôts, des droits d'octroi, etc., qui pèsent nécessairement sur tous les contribuables et qui prélèvent une part des salaires.

S'agit-il de repousser la concurrence étrangère qui vient lutter contre nos grandes industries, et même contre l'industrie parisienne ? Il suffit, nous dit-on, de relever les droits de douane sur nos frontières et de renoncer aux traités de commerce afin d'échapper aux conséquences du traité de Francfort. Ce n'est rien moins que la théorie de la protection du travail national. Eh bien ! soit le gouvernement de la république va nous rendre les anciens tarifs, revus et augmentés. Mais alors les produits fabriqués en France seront plus coûteux que la plupart des produits similaires fabriqués au dehors, la nation tout entière subira ce renchérissement général, la consommation intérieure se restreindra, l'exportation sera réduite, il y aura moins de travail et nos ouvriers en souffriront autant et plus peut-être que les autres citoyens ; car ils consomment en même temps qu'ils produisent, et leur salaire verra diminuer sa valeur d'échange, c'est-à-dire sa valeur réelle, en proportion de la cherté factice des choses nécessaires à la vie. Le rétablissement des tarifs de douane ne viendrait donc pas, comme on le suppose, au soutien de la main-d'œuvre, et il ne tarderait pas à faire déchoir

Charles-Hubert Lavollée

l'industrie française.

Tels sont, en raccourci, les moyens, ou plutôt les expédients qui sont proposés pour remédier à la crise du travail. Nous estimons qu'ils ne valent pas mieux les uns que les autres. Ceux-là mêmes qui semblent promettre un soulagement immédiat et temporaire, tels que les travaux extraordinaires, les commandes anticipées, etc., seraient, en fin de compte, absolument inefficaces. Ils ont le grave tort d'attribuer à l'autorité publique un rôle qui ne lui appartient pas, en la constituant dispensatrice du travail et du salaire. Il y a eu, dans l'antiquité, des gouvernements qui donnaient le travail et la subsistance à leurs sujets ; c'étaient des pasteurs de peuples qui faisaient brouter leurs moutons. Rome, allant plus loin, a payé à ses citoyens dégénérés le pain et le cirque, *panem et circenses* ; peut-être citerait-on, dans les temps modernes, quelques exemples de ce despotisme patriarcal qui entreprend de faire vivre le peuple avec des travaux inutiles et au moyen d'avares salaires. Cela ne s'accorde plus avec la constitution sociale d'un grand état, ni avec le régime de liberté auquel doit prétendre la démocratie. Il n'y a point d'autorité qui soit assez forte, ni assez riche pour dispenser le travail, pour élever le taux du salaire, pour régler, à la façon d'un arbitre, les conditions respectives de la main-d'œuvre et du capital. L'intervention de l'état est impuissante et devient périlleuse. La politique se brise fatalement contre l'écueil d'un problème qui est exclusivement économique.

L'erreur des ouvriers, c'est de croire que, par les associations et par les syndicats, ils obtiendront, soit comme actionnaires, soit comme salariés, une rémunération plus forte, en conquérant tout ou partie des profits actuels du capital dans la distribution finale des produits. Comment ne voient-ils pas, d'après les exemples multipliés sous leurs yeux, que l'abondance du travail et la régularité du salaire se rencontrent particulièrement dans les grands ateliers, dans les établissements créés et soutenus par un capital considérable ? L'extension des usines, par la concentration des capitaux, est un fait général qui s'observe dans tous les pays civilisés et prospères. L'agglomération des forces productives facilite la fabrication et la vente au plus bas prix. Tous les consommateurs y trouvent leur compte, et spécialement les ouvriers, dont le capital recherche davantage les services et dont il peut rémunérer plus libéralement la main-d'œuvre, parce que les ressources de son crédit, la perfection de son outillage, l'étendue de sa clientèle, lui permettent de réaliser plus fréquemment les bénéfices où le salaire a sa part. Il n'y a rien d'abstrait dans ce raisonnement ; c'est la vérité pratique. Dans la plupart des usines et des ateliers, les ouvriers gagnent un salaire plus, sûr que ne le serait leur part d'intérêt dans une société constituée par eux avec un capital nécessairement modeste et avec un outillage insuffisant. On commet donc une grande imprudence en les invitant à remplacer le « louage d'ouvrage, » c'est-à-dire le régime du salaire, par le régime de l'association. Cette substitution, recommandée par M. le ministre de l'intérieur, serait le plus souvent impossible. S'il convient d'estimer très haut ou d'encourager l'association, qui est tout à la fois une force et une vertu, il faut bien se garder de diminuer la valeur matérielle et morale, l'efficacité et la dignité du salaire. La liberté seule, nous le répétons, est en mesure de conseiller de meilleures méthodes de travail et de fixer, selon les circonstances, le meilleur mode de rémunération.

Le gouvernement doit demeurer étranger aux discussions qui s'agitent entre le capital et la main-d'œuvre ; mais ce n'est pas à dire pour cela qu'il n'y compte pour rien. La conduite de ceux qui gouvernent, leur habileté, leur esprit d'économie, la confiance qu'ils inspirent et la sécurité qu'ils donnent aux intérêts peuvent beaucoup pour l'accroissement des profits et pour l'amélioration des salaires. Si les gouvernants ne possèdent point ces qualités, s'ils emploient mal les ressources de la nation, s'ils créent ou maintiennent des impôts excessifs, la conséquence est inévitable : le capital et la main-d'œuvre en sont profondément atteints. Dans quel sens cet argument doit-il s'appliquer à l'état de choses actuel ? C'est ce que nous n'avons pas à examiner dans une étude qui ne s'inspire d'aucun parti politique. Il nous suffit d'énoncer que, sans s'écarter du principe de non-intervention économique, le gouvernement d'un grand pays influe directement sur les affaires du travail et qu'il peut, dans bien des cas, être tenu pour responsable des (chômages et des grèves qui affectent l'industrie.

Aussi voyons-nous les pétitions affluer au parlement. La chambre des députés a consacré de longues séances à l'examen des doléances et à l'étude oratoire des remèdes. L'enquête de 1883,

Charles-Hubert Lavollée

que nous venons d'analyser, sera suivie d'autres enquêtes plus générales et plus solennelles ; mais elle a été complète et, selon nous, décisive pour ce qui concerne les associations ouvrières, en faveur desquelles sont aujourd'hui renouvelées les tentatives qui ont échoué au lendemain de 1848 et dans les dernières années de l'empire. Il faut donc chercher autre chose qui soit plus efficace. Le concours de toutes les bonnes volontés est acquis à ce problème. Puissions-nous distinguer quelques idées utiles au milieu des propositions chimériques dont nous sommes encore une fois menacés ! Puissions-nous échapper à la contagion du socialisme d'état, doctrine décevante et énervante que notre démocratie ne saurait être désireuse de s'approprier ! Avec la liberté, servie par un gouvernement sage, la satisfaction des droits et l'union des intérêts s'accompliraient spontanément. De tous les procédés imaginés jusqu'ici par les amis du peuple et par les avocats des ouvriers, par les réformateurs socialistes ou révolutionnaires, il n'en est pas un seul qui vaille la liberté et la sagesse.

Partie III

ISBN : 978-1539447559